Serene Sybil

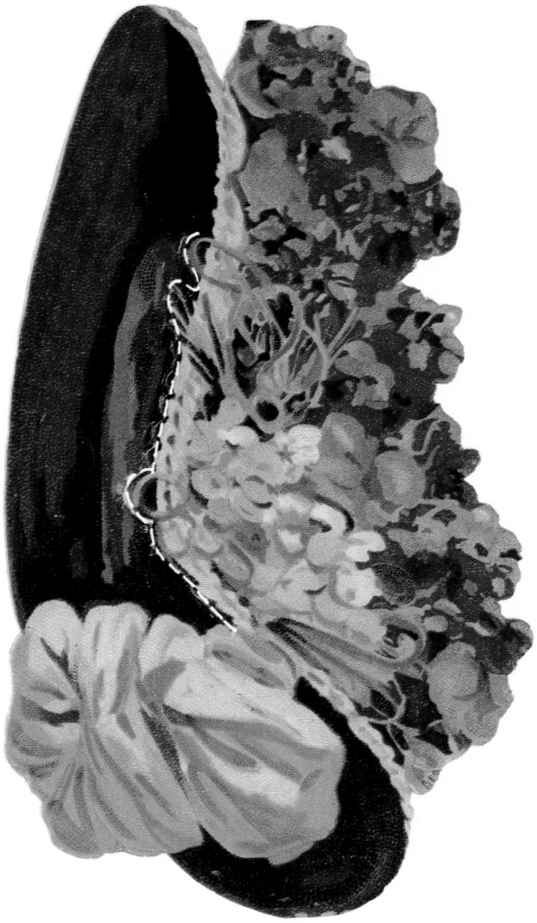

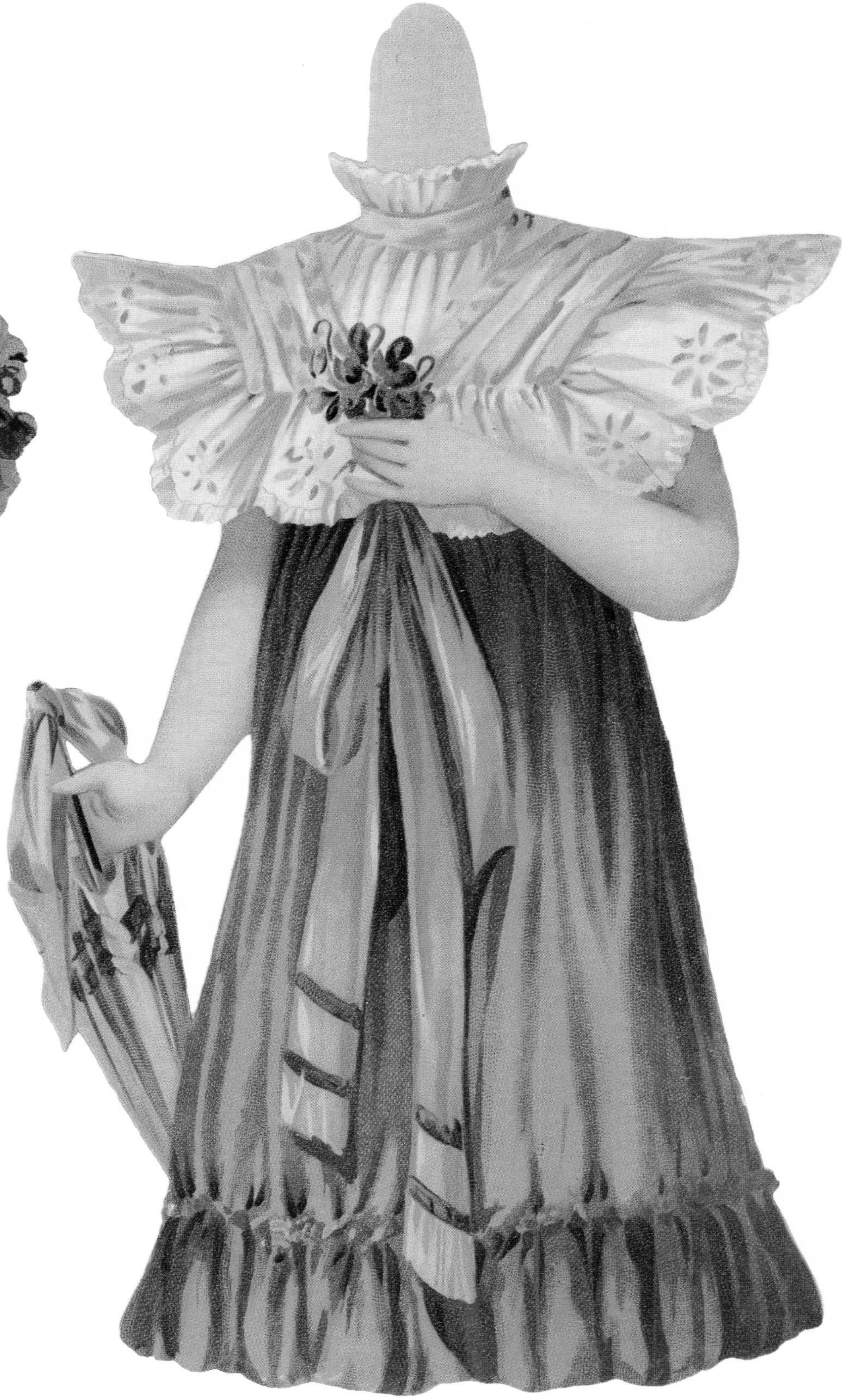

Plate 2

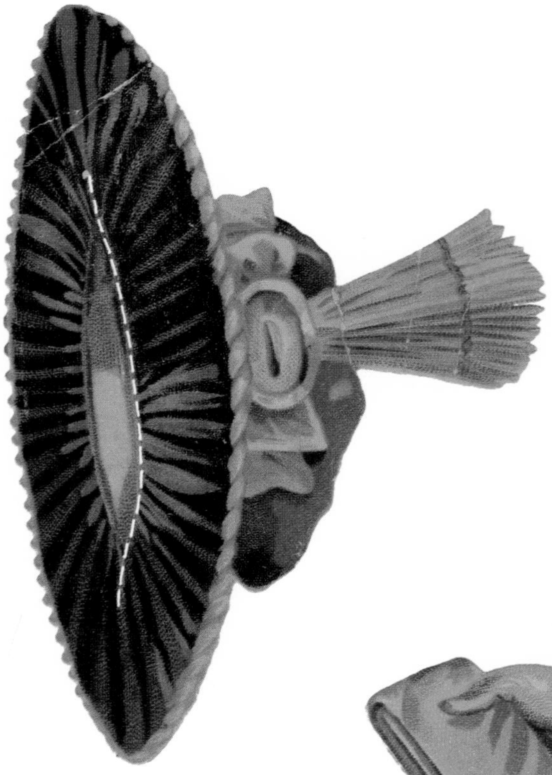

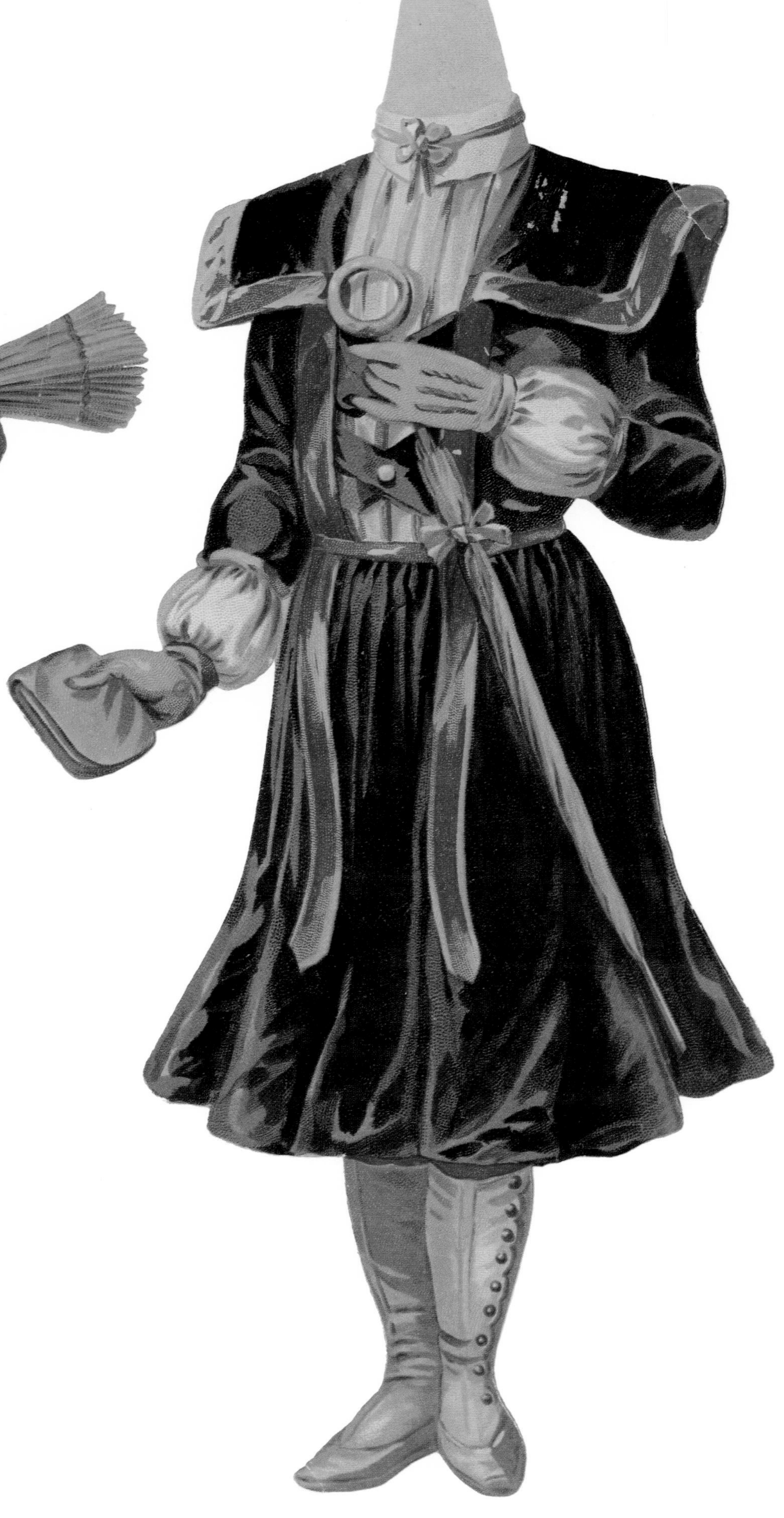

Serene Sybil

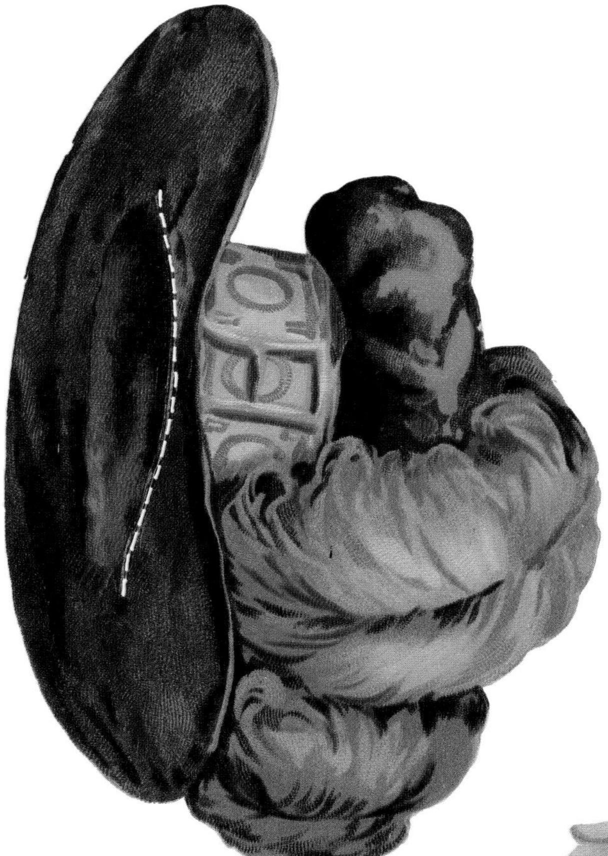

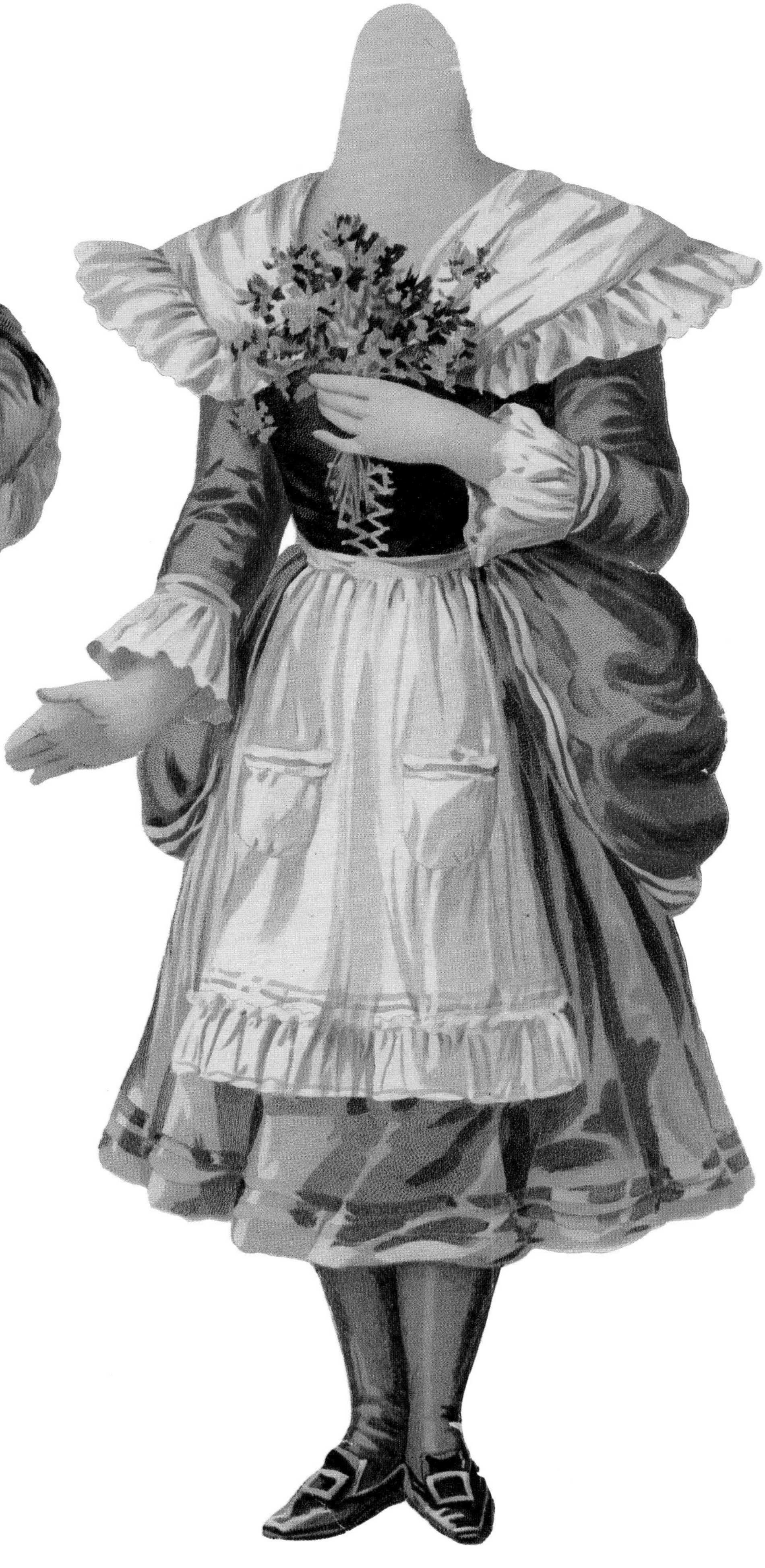

Serene Sybil

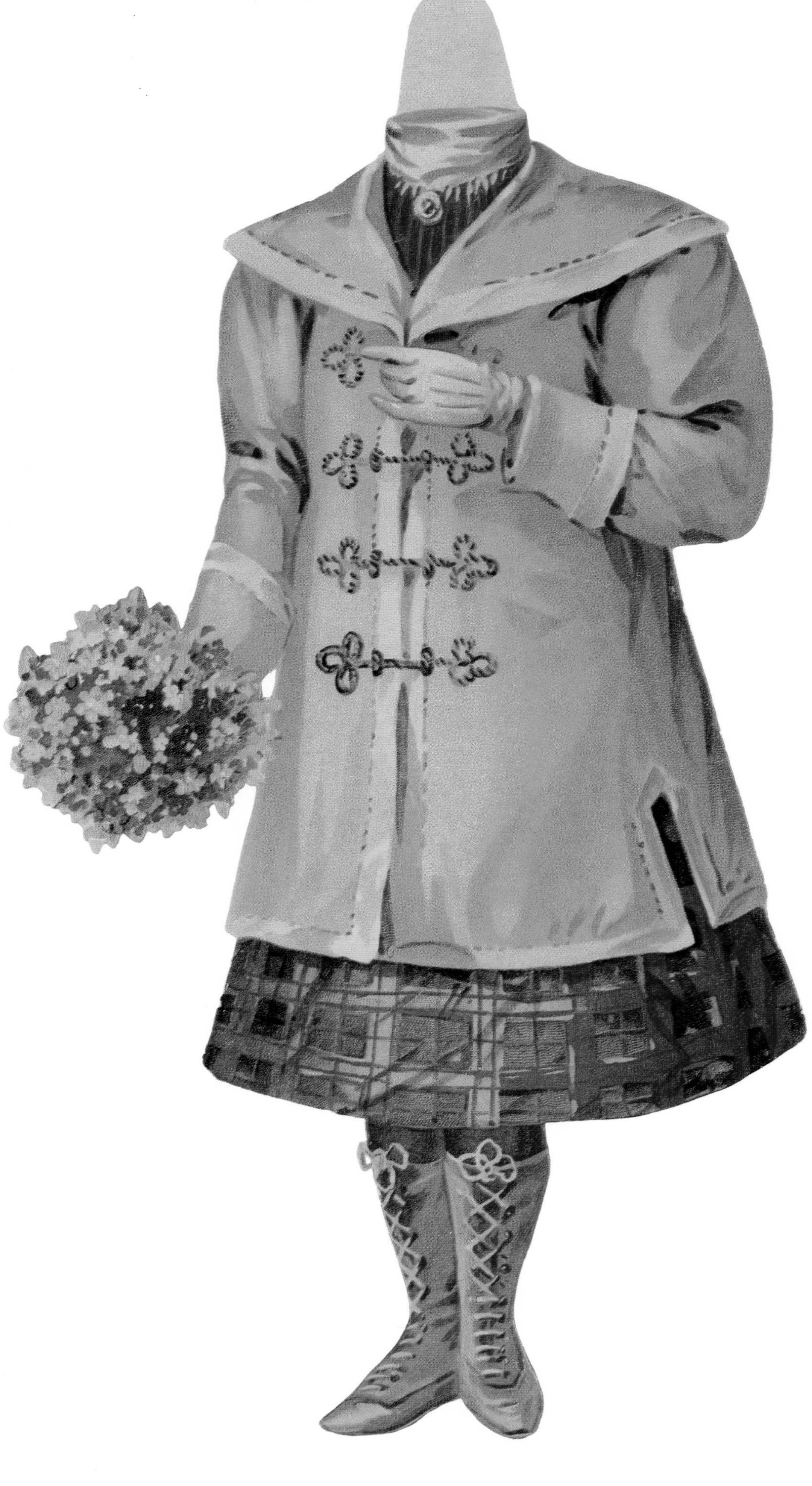

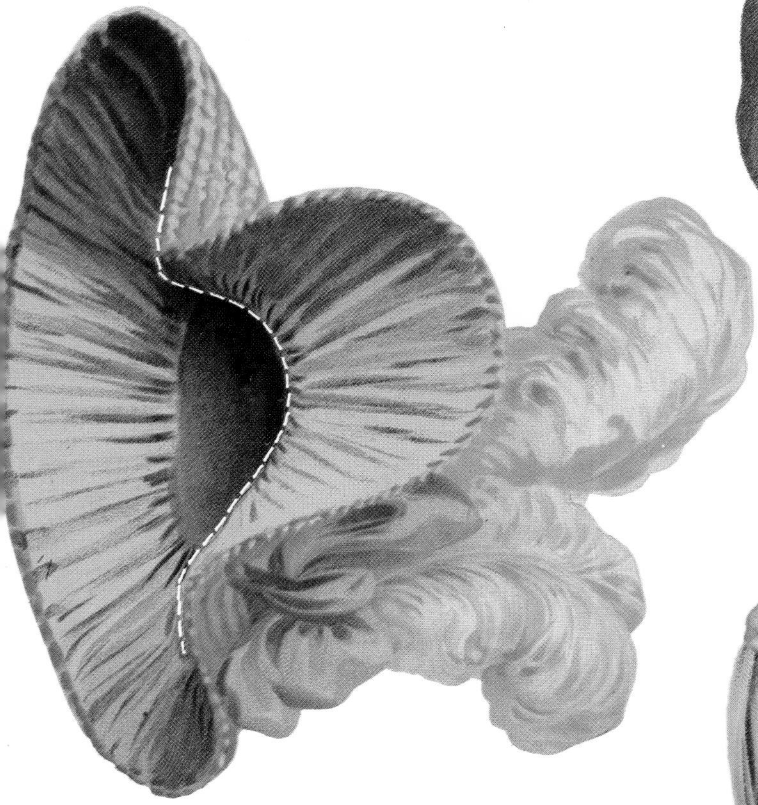

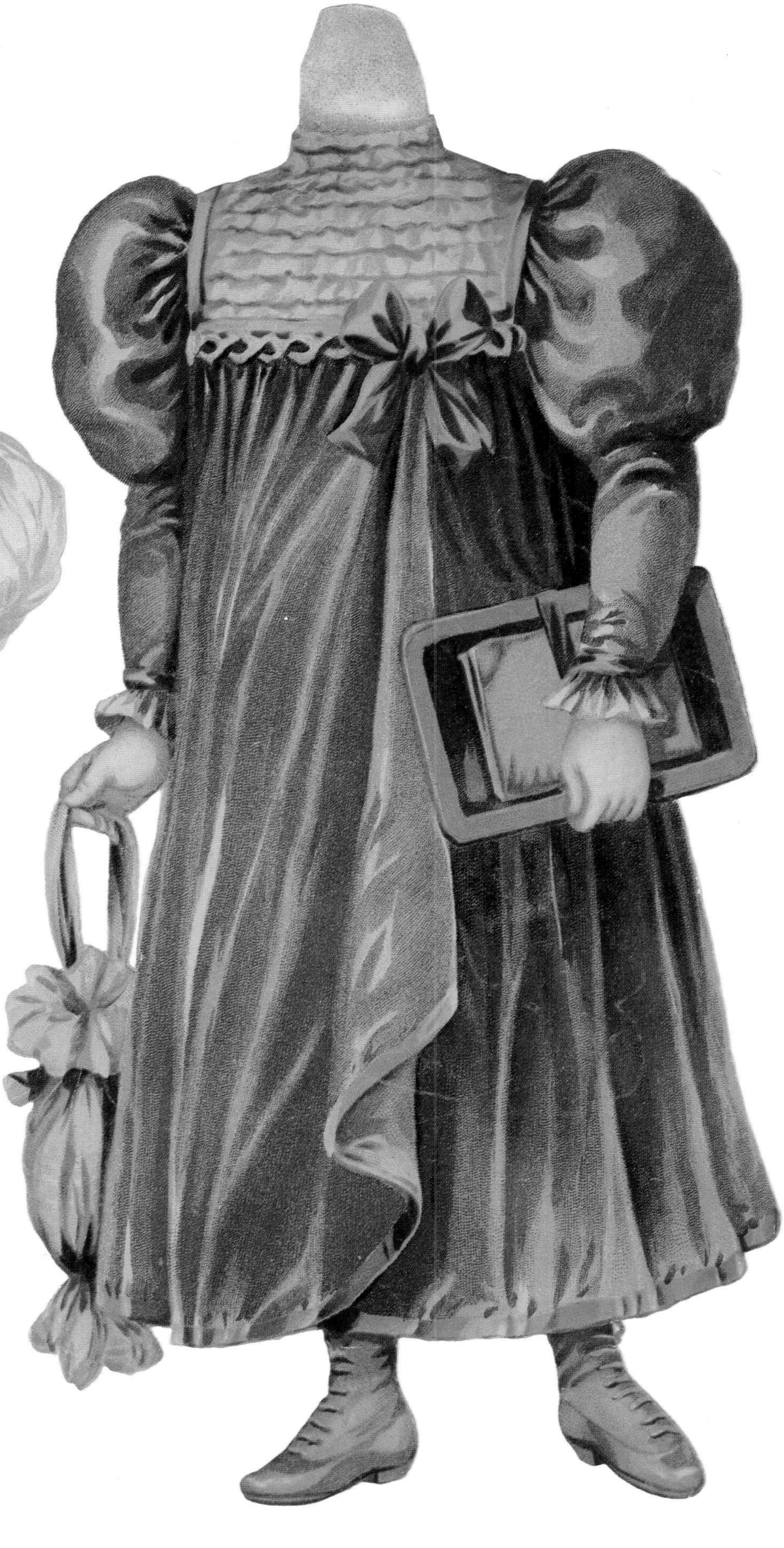

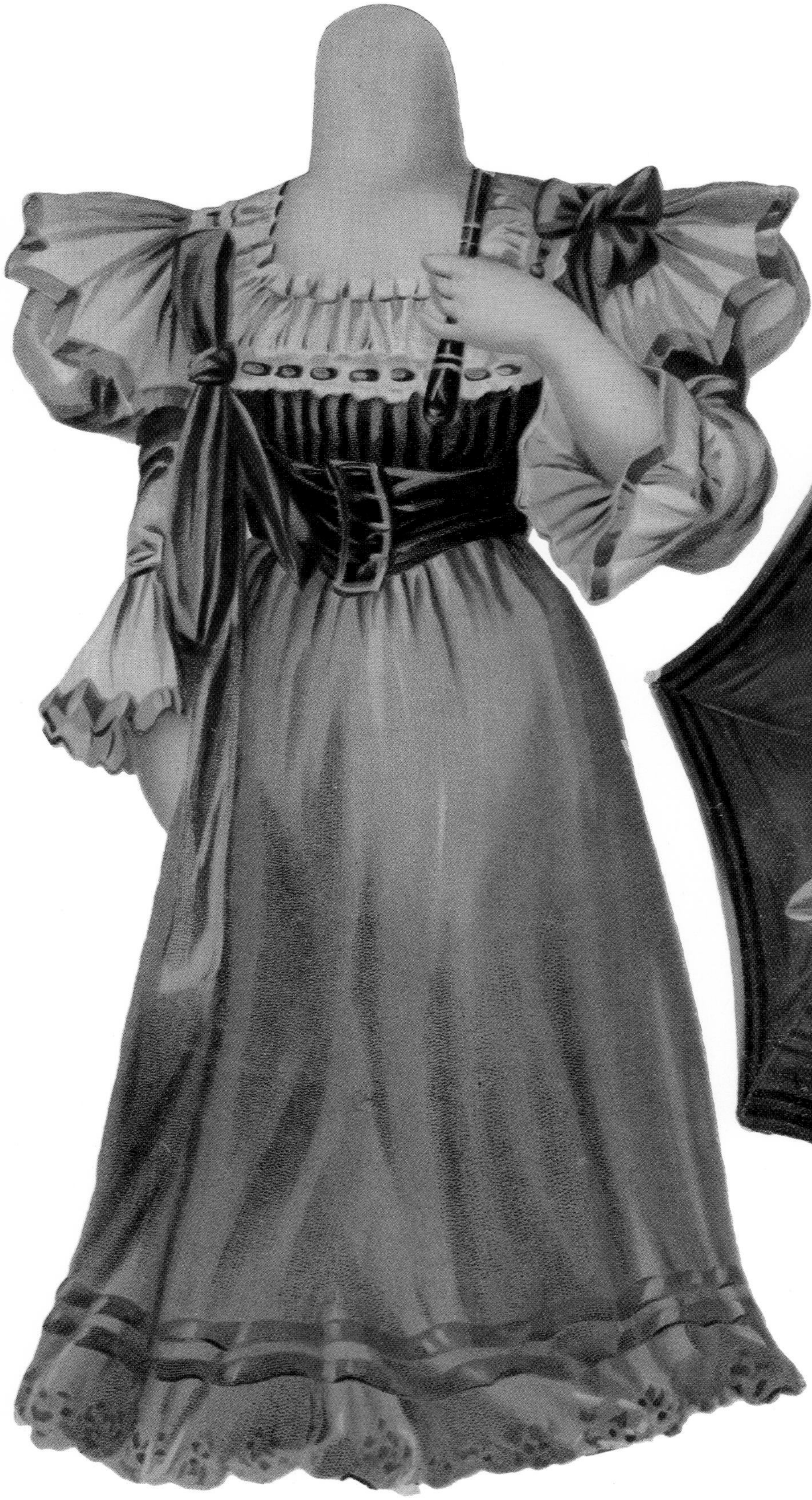

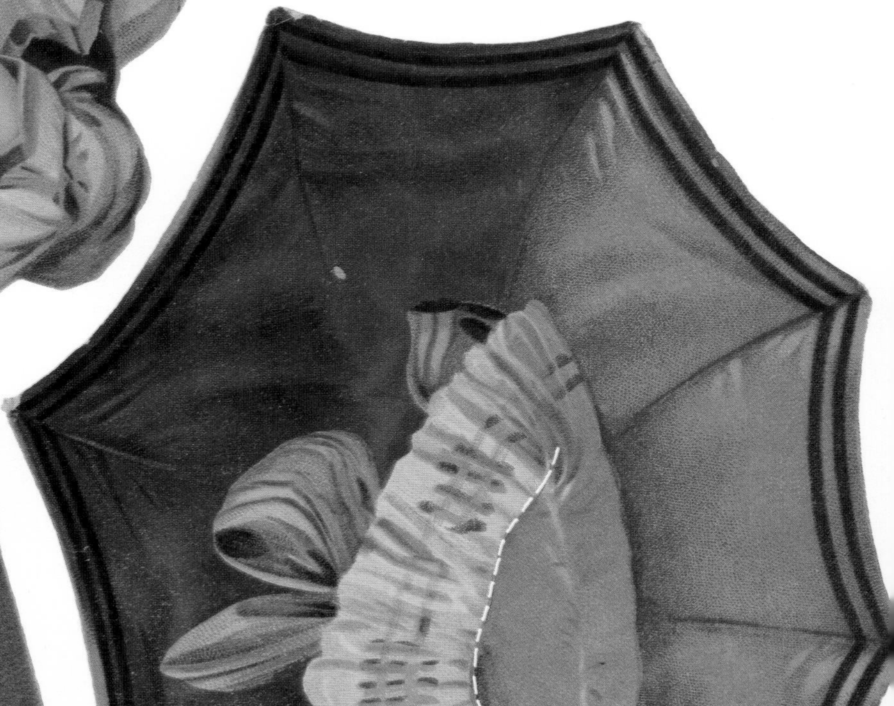

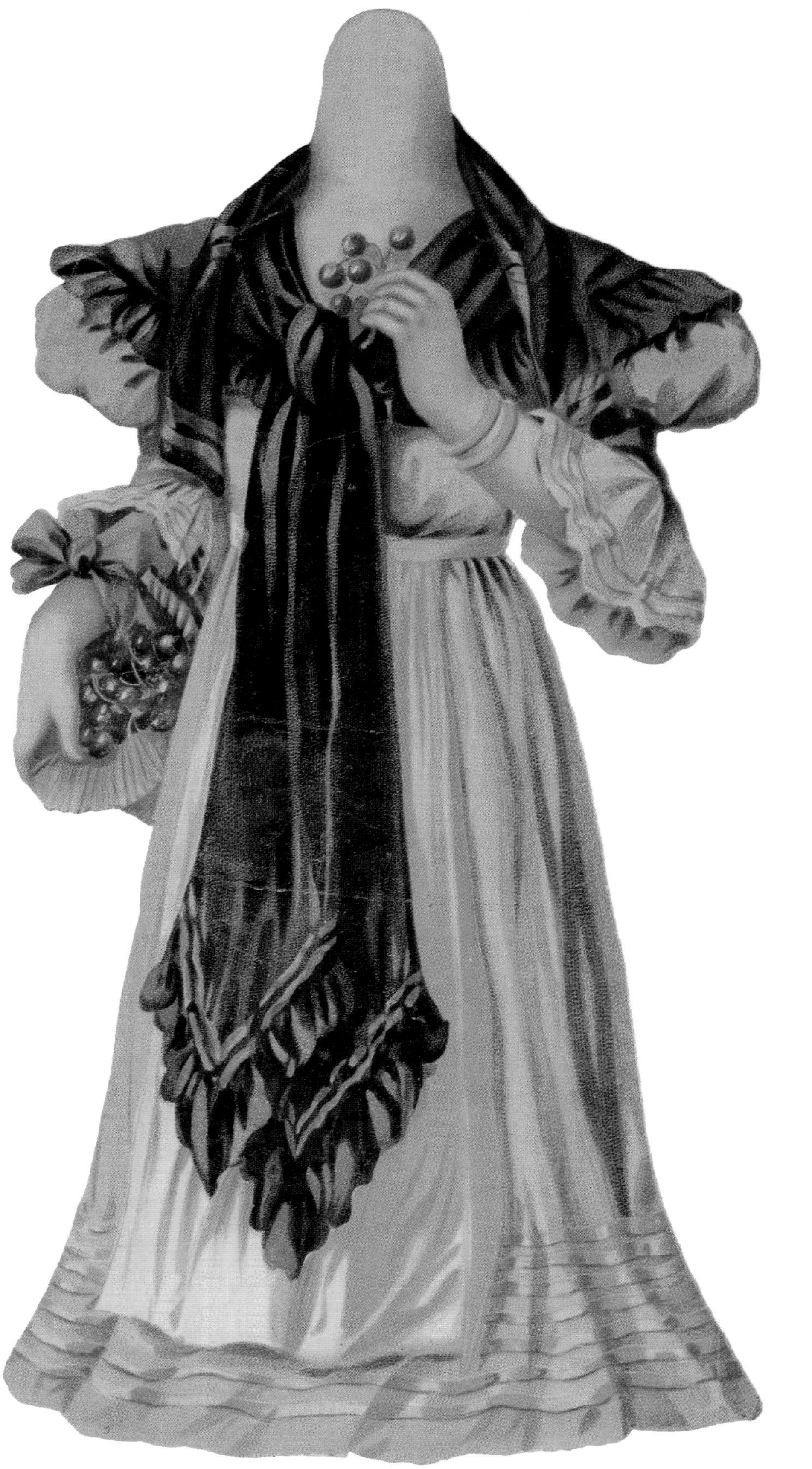

Fair Frances

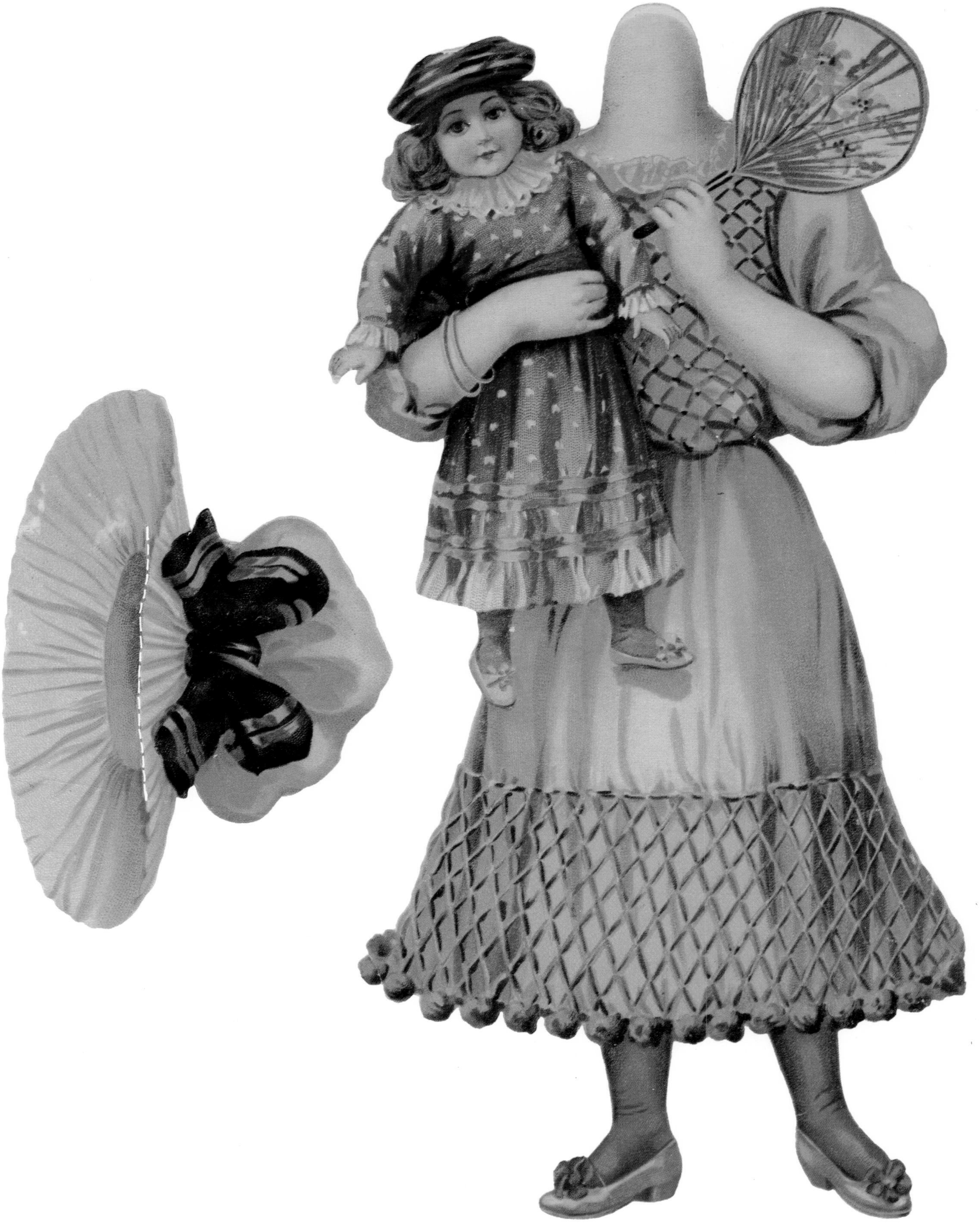